MW01065950

Felix & Theo

Ebbe & Flut

Langenscheidt

Berlin · München · Wien · Zürich · New York

Leichte Lektüren
Deutsch als Fremdsprache in drei Stufen
Ebbe & Flut *Stufe 2*

Dieses Werk folgt der neuen Rechtschreibung
entsprechend den amtlichen Richtlinien.

© 1999 by Langenscheidt KG, Berlin und München
Druck: Druckhaus Langenscheidt, Berlin
Printed in Germany
ISBN-10: 3-468-49702-4
ISBN-13: 978-3-468-49702-5

4. 5. 6. 7. 8. · 09 08 07 06 05

"Alte Liebe rostet nicht"

Die Hauptpersonen dieser Geschichte sind:

Helmut Müller, Privatdetektiv, bekommt eine Postkarte, Probleme und einen Apfelkuchen.
Bea Braun, Sekretärin von Helmut Müller, ist vielleicht bald seine Partnerin: Braun & Müller, Privatdetektive.
Maria Hintersberger, Müllers Jugendliebe. Sie ist eine international gesuchte Diebin und Betrügerin.
Elvira Peddersen, eine freundliche alte Dame, lebte in einer Villa in Dangast.
Die Wirtin vom "Krabbenkutter" ist auch eine freundliche alte Dame und kannte Elvira Peddersen sehr gut.
Tom ist Musiker in Bremen. Er ist Marias Freund. Ist er auch ihr Komplize?

Helmut Müller sitzt in seinem Büro und liest zum 5. Mal die Postkarte:

"Oh, Maria!", seufzt Müller und stellt die Karte auf seinen Schreibtisch.

Auf der Vorderseite ist eine Weltkugel abgebildet. Ein Pfeil zeigt auf die Nordseeküste, darüber steht:

'Viele Grüße aus dem Nordseebad Dangast!' Aber eigentlich erkennt man nichts, die Abbildung ist viel zu klein.

Müller sollte arbeiten. Drei Fälle liegen auf seinem Schreibtisch: Diebstahl in einem Musikshop - der Täter ist vermutlich ein Angestellter; Scheidung - er soll einen untreuen Ehemann beobachten; der dritte Fall ist irgendeine Erbschaft - er hat noch keine Zeit gehabt, die Akte anzusehen.

Müller ist völlig unkonzentriert.

Dauernd denkt er an Maria. Maria Hintersberger, seine alte Jugendliebe. Er hat mit ihr in München studiert, aber dann trennten sich die Wege. Sie wurde zu einer international gesuchten Diebin und Betrügerin, und er, Helmut Müller, wurde Privatdetektiv.

Von Zeit zu Zeit bekommt er Postkarten aus aller Welt. Die letzte Postkarte war aus Singapur.

"Dangast, wo ist Dangast?"

Müller holt eine Deutschlandkarte und sucht.

"Hm, irgendwo an der Nordsee. Ein Bad an der Nordsee, ... aha, hier!"

"Was macht Maria in Dangast? Hm, nicht weit von Bremen - Bremen, da war doch was? Genau! Tom! Maria lebte einige Zeit in Bremen, zusammen mit Tom, einem Musiker."

Müller liest noch einmal die Postkarte, dann räumt er die Akten weg und verlässt sein Büro.

Er fährt nach Hause wie ein Schlafwandler. Er vergisst fast an seiner U-Bahnhaltestelle auszusteigen und vor seinem Haus läuft er beinahe in ein Auto. Der Fahrer bremst, schimpft und tippt mit dem Zeigefinger an die Stirn.[1]

Müller steht vor der Haustür und sucht den Schlüssel.

"Ich glaube, ich brauche Urlaub ..."

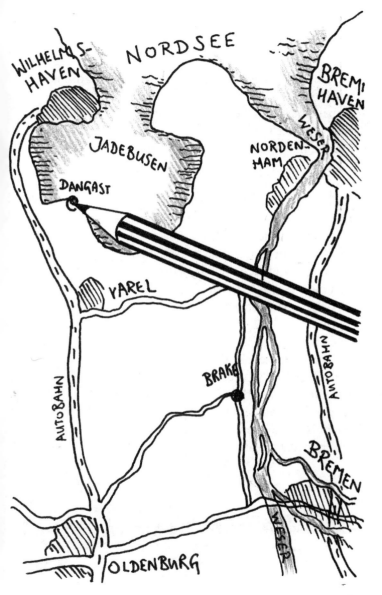

NORDSEE

WILHELMS-HAVEN

BREMER-HAVEN

JADEBUSEN

WESER

NORDEN-HAM

DANGAST

VAREL

BRAKE

AUTOBAHN

AUTOBAHN

BREMEN

WESER

OLDENBURG

9

"Privatdetektiv Müller, Bea Braun am Apparat ..."

"Hallo, Bea! Ich bin's. Äh, Bea, ich sitze hier im Zug nach Bremen, äh, ich brauche ein paar Tage Urlaub. Frische Luft an ..."

"Aber Chef! Und die Aufträge? Hier liegen drei Fälle, und Sie machen Urlaub!"

"Ja, äh, nur ein Kurzurlaub, nur ein paar Tage ..."

"Was ist los, Chef? Sind Sie krank oder verliebt?"

"So ein Quatsch! Ich, äh ..."

"Schon gut, schon gut. Ich wollte sowieso ein neues Schild ans Büro hängen: Braun & Müller, Privatdetektive, hihi!"

"Keine schlechte Idee, Bea! Dann können Sie ja auch gleich die Sache mit dem Musikshop erledigen ..."

"Nee, ich kümmere mich lieber um die Erbschaft, da gibt es eine bessere Provision! Und dann fahre ich in den Urlaub! Aber sicher nicht an die Nordsee, lieber in die Karibik!"

"Ach Bea, ..."

"Schon gut, Chef! Erholen Sie sich gut, tschüs!"

Helmut Müller schaltet sein Handy aus und lächelt.

Bea Braun ist wirklich viel mehr als eine Sekretärin. In letzter Zeit hat sie an einigen Fällen mitgearbeitet. Vielleicht ist es gar keine schlechte Idee, mit ihr als Partnerin zusammenzuarbeiten.

Müller bestellt noch ein Bier und aus dem Fenster im Speisewagen betrachtet er die Landschaft. Ganz flach, große Weiden, Kühe und zwischen Bäumen Bauernhäuser aus Backstein.[2]

"Entschuldigung, ich möchte ein Auto mieten."
"Ja gerne, da sind Sie hier richtig. Was für ein Wagen soll's denn sein?"
"Ach, nur ein kleiner. Ich will nur hier in der Gegend rumfahren."
"Moment, da haben wir einen VW Golf, oder einen Ford, oder ..."
"Golf ist o.k.! Was kostet der?"
"Das kommt darauf an. Wie lange brauchen Sie den Wagen?"
"Ach, so zwei, drei Tage vielleicht."
"Da kann ich Ihnen ein Angebot machen: Drei Tage, alle Kilometer inklusive ..."
"Was heißt das?"
"Egal wie weit Sie fahren, Sie brauchen keine Kilometerpauschale zu bezahlen."
"Aha."
"Der kostet dann 120 Euro!"
"Für alle drei Tage?"
"Genau! Sie müssen den Wagen vollgetankt zurückbringen. Wie bezahlen Sie? Mit Kreditkarte, Scheck, bar?"
"Äh, mit Scheck."
Müller hasst Kreditkarten! Plastikgeld, das man so leicht verlieren kann.
"So, dann brauche ich noch Ihren Ausweis."
"Hier, bitte."
"Gut. Also 120 Euro für drei Tage und noch 100 Euro Kaution ..."[3]

"Wie bitte? Dann kostet das ja ..."

"Nein! Die Kaution bekommen Sie natürlich zurück. Aber ich empfehle Ihnen eine Versicherung, falls etwas passiert. Die kostet nur ..."

"Nein, nein! Ich fahre sehr vorsichtig. Ich brauche keine Versicherung!"

"Wie Sie wünschen. Hier sind die Papiere, der Schlüssel und da müssen Sie noch unterschreiben."

"Danke schön! Äh, wo steht der Wagen?"

"Gleich da vorne links! Sie gehen hier durch die Bahnhofshalle und da drüben, sehen Sie den Parkplatz, der rote Golf."

"Vielen Dank! Auf Wiedersehen."

"Tschüs! Gute Fahrt!"

"Äh, Entschuldigung, ich habe noch was vergessen. Ist in dem Wagen eine Landkarte?"

"Sie meinen, ein Autoatlas? Natürlich! Neueste Ausgabe, vorne im Handschuhfach. Tschüs!"

"Danke, äh, tschüs ..."

12

Müller fährt selten Auto. In Berlin braucht er kein Auto. Ins Büro fährt er mit der U-Bahn. Oder manchmal mit dem Fahrrad. Er fährt ganz langsam auf der rechten Seite. Es ist schwierig, auf den Verkehr zu achten und die Straßenschilder zu lesen.

Es gibt zwei Möglichkeiten, nach Dangast zu fahren: Richtung Bremerhaven, aber dann muss er mit einer Autofähre über die Weser. Bei dem Gedanken an das Manövrieren auf einer Fähre wählt Müller lieber die zweite Möglichkeit: Länger, aber einfacher! Er muss zuerst nach Oldenburg und dann Richtung Wilhelmshaven.

Nach ca. 1 1/2 Stunden erreicht Müller Dangast. Ein kleiner Ort. Jetzt im März wirkt er wie ausgestorben. Keine Saison, keine Touristen, aber viel frische Luft.

Ein Schild zeigt, dass es geradeaus zum Strand geht. Müller fährt die Straße bis zum Ende und landet auf einem großen Parkplatz. Im Sommer muss man Parkgebühren bezahlen. Aber jetzt ist die Schranke offen. Der rote Golf ist das einzige Auto. Müller parkt und freut sich auf das Meer. Eine kleine Düne hinauf und - kein Meer!

"Ach du Sch...!"
Nur graubrauner Matsch. Soweit er blicken kann, kein Meer. Nur Watt.
"Ebbe[4]! Mist!"

Trotzdem spaziert Müller am Strand entlang. Ein kalter Wind bläst und er zieht den Reißverschluss an seiner Jacke hoch. Bald wird ihm warm. Nach 500 Metern liest er ein Schild:

"Kurhaus! Aha, da oben. Prima, jetzt einen Grog[5] und Apfelkuchen ..."

Am Eingang hängt ein Schild: "Heute Ruhetag". Müller ist sauer.
Er geht zurück zum Strand und spaziert weiter. Immerhin frische Luft!
Auf dem Rückweg fällt ihm auf, dass viele Häuser unbewohnt sind: Ferienhäuser. Die Fensterläden sind geschlossen, alles ist abgesperrt. Die meisten sehen ziemlich hässlich aus. Moderne Betonbauten. Näher am Strand sind ein paar alte, sehr große Villen.

An einem kleinen Gasthaus "Zum Krabbenkutter" hängt ein Schild: "Zimmer frei".
"Hoffentlich ist das nicht vom letzten Sommer", denkt Müller und tritt ein. Eine freundliche alte Dame kommt auf ihn zu.
"Guten Abend! Möchten Sie etwas essen?"
"Ja, äh, gerne. Äh, lieber etwas trinken ..."
"Nehmen Sie Platz."
"Ja, äh, haben Sie auch ein Zimmer?"
"Natürlich! Sie können sich das schönste aussuchen! Alles frei! Im Moment ist noch keine Saison. Höchstens am Wochenende kommen mal Leute aus der Stadt und bleiben über Nacht."
"Prima! Ich hole nur noch schnell meine Reisetasche. Bin gleich wieder da!"
"Ich mach Ihnen inzwischen einen Grog!"
"Gute Idee! Bis gleich ..."

Eilig geht Helmut Müller zurück zum Parkplatz und holt sein Gepäck. Es ist kalt und er freut sich auf den heißen Grog.

Müller liegt in seinem Bett. Er ist sehr zufrieden. Nach einem köstlichen Abendessen, Krabben mit Rührei und Bratkartoffeln, zwei oder drei Grogs und viel frischer Luft, genießt er die Ruhe. Schlafen bei offenem Fenster, herrlich!
Plötzlich knallen zwei Schüsse!
"Was war das?"
Müller springt aus dem Bett und rennt zum Fenster. Angestrengt schaut er in die Dunkelheit. Nichts. Er sieht nichts und hört nichts. Alles dunkel und ruhig.

4

"Guten Morgen!"
"Guten Morgen, Herr Müller! Haben Sie gut geschlafen?"
"Ja, prima!"
"Rührei mit Speck und Kaffee?"
"Äh, wie bitte?"
"Was möchten Sie zum Frühstück? Rühr...?"
"Ach so, ja, gerne."

Die alte Dame bringt das Frühstück.

"Bitteschön! Guten Appetit! Seeluft macht hungrig."

"Dankeschön. Äh, ich habe da eine Frage. Ist eigentlich auch mal Wasser in der Nordsee?"

"Haha! Na klar. Wenn Sie sich beeilen ..."

"Wieso?"

"Jetzt beginnt bald die Ebbe. Und es dauert bis zum Abend, bis die Flut wiederkommt. Wir nennen das 'Tidenhub'. Das ist Plattdeutsch und bezeichnet den unterschiedlichen Wasserstand, also den Wechsel zwischen Ebbe und Flut ..."

"Aha! Und die Matsche heißt 'Watt'[6]?"

"Haha! Genau, das ist das Besondere an der Nordsee. Man kann tolle Wanderungen ins Watt machen. Aber nur mit jemand, der sich auskennt, denn ..."

"Nein danke! Ich bleibe lieber am Strand. Außerdem habe ich keine Gummistiefel dabei. Übrigens, haben Sie gestern Nacht auch die Schüsse gehört?"

Die alte Dame schaut erstaunt.

"Schüsse? Nein! Vielleicht waren das Fensterläden, die der Wind zugeschlagen hat?"

"Tja, vielleicht habe ich das auch nur geträumt ..."

17

Privatdetektiv Helmut Müller möchte das Meer sehen.

Er beeilt sich und geht schnell zum Strand: Wo gestern noch eine grau-braune Fläche war, bewegen sich heute blau-grüne Wellen. Die Luft riecht nach Salz und Tang.

Müller beobachtet die Möven, die sich vom Wind tragen lassen.

Lange spaziert er am Ufer entlang.

Auf dem Rückweg will er unbedingt im Kurhaus Apfelkuchen essen.

Er betritt das Restaurant.

Ein großer Raum mit Glasfenstern. Wenig Leute, viele freie Tische.

Müller setzt sich an einen Tisch am Fenster und wartet.

Niemand kommt. Er sucht einen Kellner oder eine Kellnerin - vergeblich.

Als neue Gäste kommen, beobachtet er, wie sie durch den großen Raum gehen, zu einer Tür.

Nach einiger Zeit kommen sie wieder, mit Kuchen, Tee oder Kaffee.

Müller geht zu der Tür. Dahinter ist eine Theke. Ein freundliches Mädchen fragt ihn, was er möchte:

"Tee oder Kaffee?"

"Äh, ein Kännchen Tee und zwei Apfelkuchen."

"Mit Sahne?"

"Nein, danke! Keine Sahne!" Helmut Müller ist ein bisschen dick und versucht immer wieder abzunehmen - aber ohne Erfolg.

Er bezahlt, stellt die Teekanne, die Tasse und die zwei Teller mit Apfelkuchen auf ein Tablett und balanciert es zu seinem Platz.

An seinem Tisch sitzt jetzt ein älterer Mann.

18

"Oh, Entschuldigung, sitze ich auf Ihrem Platz?"
"Nein, schon gut, ich kann mich ja woanders ..."
"Nein, bleiben Sie. Der Tisch ist groß genug für uns beide."
Müller setzt sich und beginnt seinen Apfelkuchen zu essen.
Der Mann dreht immer wieder den Kopf und schaut zum
Eingang.
Ab und zu sieht er auf seine Uhr.
"Äh, entschuldigen Sie, ich bin heute etwas spät dran - war
die Dame schon hier?"
Müller schluckt seinen Apfelkuchen.
"Wie bitte?"
"Äh, ich bin hier mit einer Dame verabredet. Wir treffen uns
seit drei Tagen, immer an diesem Tisch ..."
"Gestern war doch Ruhetag?"
"Stimmt! Vor drei Tagen haben wir uns zum ersten Mal ge-
troffen. Eine reizende Frau! Sehr attraktiv!"

19

"Wie sieht sie denn aus, die reizende Dame?" Müller lächelt.

"Ja, also blond, vielleicht Ende 30 und sie trägt immer eine Sonnenbrille ..."

Müller stellt seine Teetasse ab und verschüttet ein bisschen vor Schreck.

"Maria!", denkt Müller. "Das kann nur Maria sein!" Er fragt den Tischnachbarn:

"Wissen Sie, wie die Dame heißt?"

"Nein, wissen Sie, ich bin ein Gentleman. Wir haben uns nur unterhalten und ..."

"Aber irgendwas müssen Sie doch über die Dame wissen!?"

"Nun ja, eine Touristin. Sie hat Postkarten geschrieben ... aus dem Fenster gekuckt ... Vor allem die alte Villa der Familie Peddersen hat sie interessiert. Vielleicht möchte sie ja die Villa kaufen."

Müller schaut aus dem Fenster, in die Richtung, in die der ältere Herr zeigt.

Eine große alte Villa aus Backsteinen. Man sieht das Haus sehr deutlich zwischen den Bäumen.

Im Sommer ist es bestimmt versteckt hinter Büschen und Blättern.

"Kennen Sie die Familie Peddersen?"

"Nein! Ich weiß nur, dass die sehr reich sind. Eine alte Kaufmannsfamilie aus Bremen.

Die letzten Jahre hat die alte Frau Peddersen hier gewohnt. Immer, nicht nur im Sommer ..."

"Was meinen Sie mit 'hat gewohnt'?"

"Ach, die arme Elvira ist vor einem Monat gestorben. Wir haben manchmal zusammen Tee getrunken und Erinnerungen ausgetauscht. Tja, und jetzt gibt es Streit in der Familie um das Erbe."

Müller isst sein zweites Stück Apfelkuchen und schaut dabei immer wieder aus dem Fenster.
"Ich glaube nicht, dass die Dame heute noch kommt. Vielleicht morgen ... Also, auf Wiedersehen ..."
Der Mann geht und Müller trinkt schnell seinen Tee aus.

5

"Halt, bleiben Sie stehen!"
Müller steht vor der Villa und dreht sich um.
Hinter ihm steht ein Polizist.
"Was machen Sie hier?"
"Äh, ich war drüben im Kurhaus und wollte mir die Villa ansehen ..."
"Das ist Privatbesitz! Wie kommen Sie hier rein?"
"Da vorne, äh, da ist ein Loch im Zaun ..."
"Kommen Sie mit!"

Müller folgt dem Polizisten. Zusammen gehen sie um die Villa. Vor dem Haupteingang steht ein Polizeiauto. Ein zweiter Polizist untersucht die Eingangstür.
"Knut, komm mal her! Einfach aufgeschossen! Die haben die Tür einfach aufgeschossen!"
"Entschuldigung, die Herren. Darf ich mich vorstellen: Helmut Müller, Privatdetektiv, aus Berlin.
Zur Zeit im Urlaub, hier in Dangast. Ich wohne im 'Krabbenkutter'. Darf ich mal sehen?"
Die beiden Dorfpolizisten betrachten Müller misstrauisch. Während sie seinen Ausweis kontrollieren, untersucht Müller die Tür.
"Ziemlich großes Kaliber[7]. Das Türschloss ist weggeschossen, zwei Schüsse!"

Vorsichtig schiebt Müller die Tür auf und geht in die Villa.
Die erstaunten Polizisten folgen ihm.
In einem großen Salon bleiben sie stehen. Papiere liegen am
Boden und an der Wand sehen sie einen Safe. Die Tür steht
offen, er ist leer.
"Nichts anfassen! Da können wir jetzt nichts machen, das
ist Sache der Kollegen aus Oldenburg!
Herr Müller, bitte halten Sie sich zu unserer Verfügung!"
Der Polizist gibt Müller den Ausweis zurück.

Eilig spaziert Müller zur Pension zurück.
"Oh, Maria! Maria, warum ...? Verdammt, Maria! Gestern
Abend, wir hätten doch, ... Mist!"
Auf seinem Zimmer blättert er in seinem Adressbuch.
"Aha, hier!"
Er wählt eine Telefonnummer in der Nähe von Bremen.
Es tutet dreimal, dann hört er die Stimme auf dem Anruf-
beantworter:
"Tom hier! Niemand zu Hause. Hinterlass eine gute Nach-
richt! Piep!"
"Mist!" Müller schaltet das Handy aus. Er schiebt einen
Sessel ans Fenster und schaut hinaus. Der Wind treibt Wol-
ken über das Watt. Es wird langsam dunkel und einige Re-
gentropfen fallen ans Fenster.

Eine Stunde später geht er in die Gaststube.
"Herr Müller, Herr Müller! Haben Sie schon gehört?"
"Nein, was ist denn los?"
"Sie hatten recht! Es waren zwei Schüsse! Gestern Nacht
wurde eingebrochen! In die Peddersen-Villa! Alles gestoh-
len! Schmuck, Bilder, Antiquitäten ..."
"Wie? Was? Woher wissen Sie ..."
"Knut hat es mir eben erzählt."

Müller sieht an einem Tisch eine Gruppe von Männern. In der Mitte sitzt der Polizist, ohne Uniform.

"Provinzbulle[8]!", denkt Müller und wendet sich wieder an die Wirtin.

"Wohnte denn niemand in der Villa?"

"Nein, äh, doch - die arme Elvira."

Die Wirtin erzählt Müller die Geschichte von Elvira Peddersen. Einen Teil kennt er ja schon.

Sie zeigt ihm ein Foto.

"Hier, das ist von letztem Sommer ..."

Eine Gruppe alter Damen sitzt um einen großen Tisch. Müller kennt den Ort: Das Kurhaus.

Auf dem Tisch Apfelkuchen, Teekannen, Geschenke.

"Das war Elviras Geburstagsfeier. Hier, das ist Elvira."

Die Wirtin zeigt auf eine Frau in der Mitte. Eine freundliche alte Dame, mit festlichem Kleid, einer schönen Halskette und jugendlichem Lachen.

Müller betrachtet das Foto genau.

"Und neben Frau Peddersen, das sind Sie?"

"Ja, äh, das bin ich. Wir waren gute Freundinnen. Die arme Elvira ..."

Helmut Müller schläft sehr schlecht in dieser Nacht.
Dauernd denkt er an Maria. War Maria die Einbrecherin?
Was hat Maria hier gemacht - bestimmt keinen Urlaub! Soll
er der Polizei helfen? Soll er Maria verraten? Aber was
weiß er schon?
Müller träumt.
Arm in Arm mit Maria spaziert er im Watt. Sie tragen Gum-
mistiefel und wandern auf dem weichen Boden. Er spürt die
Wärme von Marias Arm. Sie beobachten die Möven, die im
Wind segeln. Sie laufen immer weiter weg vom Ufer. Der
Boden glänzt in der Sonne: Wasser!
Die Flut! Müller dreht sich um. Überall Wasser und das
Ufer ist ganz weit entfernt. Er will umkehren, doch er kann
nicht. Maria zieht ihn immer weiter hinaus ...

Schweißgebadet wacht Müller auf.
Langsam orientiert er sich. Er ist nicht im Meer, er liegt im
Bett. Draußen ist es grau. Es wird langsam Tag.
Müller setzt sich auf die Bettkante.
"Ich muss nach Bremen! Ich muss Maria finden, ich muss
mit ihr reden ..."

6

Helmut Müller fährt wieder ganz langsam auf der rechten Seite der Straße.
Er muss aufpassen, damit er die richtige Ausfahrt erkennt: "Häfen".
Es ist lange her, dass er zuletzt in Bremen war. Die Wohnung von Tom ist in Walle.

Walle ist ein Stadtviertel von Bremen bei den Häfen.
Das Viertel hat sich sehr verändert. Die Werften sind bankrott, keine Arbeit mehr. Die Bevölkerung hat sich auch verändert: Viele Leute sind weggezogen und dafür leben jetzt viele junge Leute, Studenten, Künstler, Musiker und viele Ausländer in Walle.

Müller folgt dem Schild "Häfen" und nach ein paar hundert Metern ist er in Walle. Er kennt sich wieder aus.
"Da vorne muss es nach rechts gehen ..."
Hinter ihm hupt ein Autofahrer.
"Ja, ja! Fahr doch vorbei, du ...!"
Langsam fährt Müller die Reuterstraße entlang, bis er die Einfahrt zu einem Hof erkennt. Hinten im Hof sind verschiedene Ateliers von Künstlern.
In einem Atelier wohnt Tom.
Vorsichtig schleicht Müller durch den Hof bis zum Atelier.
Es ist noch früh am Tag und niemand arbeitet.
Müller schaut durch die großen Fenster: Bilder, Farben, Papiere - falsch!
Im Atelier daneben sieht er Lautsprecherboxen, ein Schlagzeug, Plakate: "Tom & his gang" - richtig! Aber kein Tom.
"Mist! Blöde Idee, hier nach Maria zu suchen. Obwohl ...!"
An der Tür zum Atelier steckt ein Zettel:

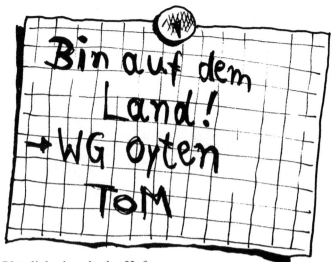

Plötzlich qietscht das Hoftor.

Müller steckt den Zettel wieder an die Tür und dreht sich um.

Eine junge Frau geht über den Hof.

"Hallo! Entschuldigung, ich bin ein alter Freund von Tom. Äh, ich wollte ihn besuchen, aber leider ist er nicht da. Wissen Sie vielleicht, wo sich diese WG⁹ befindet?"

Die junge Frau bleibt stehen und betrachtet Müller skeptisch.

"Was wollen Sie von Tom?"

"Ja, äh, wir sind alte Freunde. Ich wollte ihn fragen, ob er mal wieder Lust hat, in Berlin zu spielen ..."

"Kennen Sie sich aus in Bremen?"

"Ja, eigentlich nicht so gut ..."

Die junge Frau stellt die große Papierrolle ab und sperrt ihr Atelier auf. Mit einem Blatt Papier und einem Stift kommt sie zurück. Sie beginnt auf dem Blatt zu zeichnen:

"Also wir sind hier. Sie fahren die Utbremer-Straße raus und ..."

Die junge Frau zeichnet und erklärt:

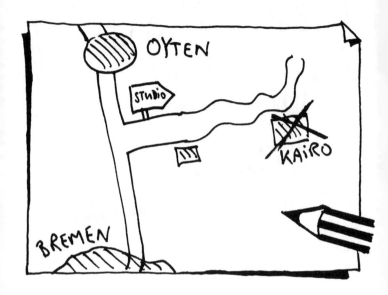

"... und kurz vor Oyten nach rechts. An der Kreuzung steht
ein Schild: Studio Kairo. Das ist eine WG von Musikern.
Die haben dort ein Studio. Ich glaube, die nehmen gerade
eine neue CD[10] auf."
"Prima! Dann kann ich mir ja auch gleich die neuen Sachen
anhören. Herzlichen Dank!"
Eilig verlässt Müller den Hof und startet sein Auto.
Auf dem Beifahrer-Sitz liegen der Stadtplan und die Skiz-
ze.
Kurz vor Oyten fährt Müller langsamer - noch langsamer.
"Da! Das muss es sein!"
Er sieht ein Schild: "Studio Kairo". Ein gemaltes Kamel mit
Gitarre.
"Sehr witzig!"

Langsam fährt Müller die Straße entlang. Eine kleine Allee führt zu einem Bauernhof. Kurz vor dem Bauernhof steht ein alter Schuppen.

Müller fährt mit dem Auto hinter den Schuppen. Er hält an und steigt aus. Der Boden ist nass und weich.

"Mist!", schimpft Müller, als er mit den Schuhen im Matsch steht. Vorsichtig geht er um den Schuppen herum. Er hört Stimmen.

Müller schaut um die Ecke zum Bauernhaus.

Vor dem Eingang steht ein neuer BMW und neben dem Auto steht Tom. Tom spricht mit jemand. Aber mit wem? Müller bleibt in Deckung.

Tom beobachtet die Straße. Die andere Person lädt etwas in den Wagen. Müller möchte mehr sehen und geht vorsichtig ein paar Meter näher zum Haus.

In dem Moment klingelt sein Handy!

"Piiep! Piiep! Piiep!"

Tom dreht sich um, reißt die Autotür auf, springt in den Wagen und ruft:

"Los, weg hier! Beeilung!"

Er startet den Motor. Die andere Person springt ins Auto, schlägt die Tür zu und mit hoher Geschwindigkeit rast der BMW davon.

"Hallo, Chef! Guten Morgen! Wie geht's? Was macht ...?"

"O Gott, Bea! So ein Mist! Jetzt sind sie weg! Ich muss ..."

"Was ist los, Chef? Hab ich Sie aufgeweckt?"

"Mensch, Bea! Ich kann jetzt nicht sprechen, ich muss hinterher. Bis später!"

Müller schaltet das Handy aus und läuft zum Auto.

Er lässt den Motor an und versucht auf die Straße zu fahren. Aber der Boden ist weich und das Auto schleudert gegen den Schuppen.

"Mist! So ein Mist!"

Müller fährt rückwärts - aber zu weit. Er fährt in einen Graben. Er versucht noch ein paarmal herauszufahren, aber das Auto steckt fest.

Wütend schlägt er die Autotür zu und geht zum Haus.

7

Eine Frau öffnet die Haustür. Sie ist ca. 30 Jahre alt, hat lange blonde Haare, trägt einen weiten blauen Pullover und Jeans.

"Guten Morgen, entschuldigen Sie bitte die Störung. Ich habe eine Autopanne. Äh, ich bin da vorne in einen Graben gefahren. Könnten Sie mir helfen?"

Die Frau betrachtet Müller und lächelt.

"Kein Problem! Kleinen Moment, ich muss nur den Schlüssel holen. Ich zieh Sie mit dem Traktor raus."

Die Frau schließt die Tür und nach ein paar Minuten kommt sie heraus.

Sie trägt jetzt Gummistiefel.

"Elke! Ich heiße Elke."

"Angenehm! Äh, Braun, äh sehr freundlich ..."

Zusammen gehen sie zum Schuppen und Elke fährt mit dem Traktor zu Müllers VW Golf.

Sie hängt ein Seil an den Wagen und nach ein paar Minuten steht das Auto auf der Straße.

Sie schaltet den Motor aus und springt vom Sitz.

"Das war wirklich sehr freundlich von Ihnen, äh, Elke, was kann ich ...?"

"Kein Problem, Herr Müller!"

"Wie, äh, woher kennen Sie meinen Namen?"

Elke betrachtet Müller wieder und lächelt.

"Eine gemeinsame Freundin hat sie beschrieben und erzählt, dass sie bald hier vorbeischauen würden."

"Maria!" Müller ist immer noch überrascht.

"Genau, Maria! Sie haben sich leider um ein paar Minuten verpasst! Kurz bevor Sie gekommen sind, musste Maria abreisen. Sie kennen ja Maria, immer im Stress!" Wieder lächelt Elke.

"Aber, aber ... was ..." Müller fehlen die Worte.
"Ach ja, fast hätte ich es vergessen! Maria hat ein Päckchen für Sie dagelassen ..."

Schweigend folgt Müller der Frau zum Haus.
Sie gibt ihm ein Päckchen und Müller verabschiedet sich.
Er geht zum Auto und stellt das Päckchen auf den Sitz.
Dann geht er um das Auto und betrachtet die Beule im Blech.
"Das gibt Ärger! Mist! Mist!"
Er blickt zurück zum Bauernhaus. In der Eingangstür steht Elke und winkt.
Müller winkt zurück und startet den Golf.
Er fährt 500 Meter, bis er das Bauernhaus nicht mehr sieht.
Dann stellt er den Wagen ab und holt die Straßenkarte.
"Hm, die sind weg! Hier ist gleich die Autobahn - Bremer Kreuz. Die sind vielleicht schon in Hannover.
Flughafen - oder sie fahren nach Dortmund, sehr schlau, sehr schlau ..."
Müller sitzt ratlos im Auto. Was soll er tun? Die Polizei anrufen? Er hat sich nicht einmal die Autonummer von dem BMW gemerkt. Und das Päckchen? Das Päckchen!
Müller reißt die Verpackung auf: Ein großer Apfelkuchen und ein Brief.
Müller öffnet den Brief:

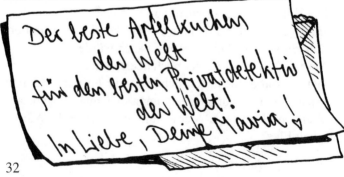

Der beste Apfelkuchen
der Welt
für den besten Privatdetektiv
der Welt!
In Liebe, Deine Maria!

"Privatdetektiv Müller! Bea Braun am Apparat!"
"Hallo, Bea!"
"Chef! Was ist los? Was war denn vorhin? Wo sind Sie? Wie geht es Ihnen?"
"Bea, ich, äh ..., ach was. Bea, ich komme zurück! Heute Nachmittag!
Machen Sie Kaffee? Ich bringe den Kuchen mit ...!"

ENDE

Landeskundliche Anmerkungen:

1 Mit dem Zeigefinger an die Stirn tippen bedeutet, jemand den "Vogel zeigen", d.h.: "Du hast einen Vogel!"/"Du bist verrückt!"

2 Backstein = roter Ziegelstein. Vor allem in Norddeutschland beim Bau von Häusern verwendet.

3 Kaution ist die Summe Geld, die als Sicherheit hinterlegt wird. (Auch bei Anmietung einer Wohnung.)

4 Die Ebbe ist der niedrige Wasserstand am Meer. (Gegenteil: Die Flut)

5 Grog ist ein heißes Getränk aus Rum, Zucker und Wasser.

6 Watt heißt der Teil der Küste, der mit Schlamm bedeckt ist und bei Ebbe nicht überflutet ist.

7 Kaliber ist der äußere Durchmesser von Gewehr- oder Pistolenkugeln.

8 "Bulle" ist ein Schimpfwort für "Polizist".

9 WG = Wohngemeinschaft. Gruppe von Personen (die keine Familie sind), die in einer Wohnung zusammenleben und einen gemeinsamen Haushalt führen.

10 CD = Abkürzung für "Compact Disc"

Übungen und Tests

1. Was erfahren Sie über Maria? Sammeln Sie und vervollständigen Sie Ihre Notizen, wenn Sie die folgenden Abschnitte lesen.

Aussehen	Alter	Beruf	Wohnort	...

2. Helmut Müller ist verliebt. Suchen Sie "Indizien" für diese Behauptung in den ersten beiden Abschnitten (es gibt mehr als 5!)

1. Müller seufzt.

2. ...

2. Müller ist mit seinen Gedanken woanders, als er das Auto mietet. Was muss man alles bedenken, wenn man in der BRD ein Auto mietet? Lesen Sie Abschnitt 2 noch einmal und helfen Sie Müller mit einer Checkliste:

Was für ein Auto?
Wie lange?
Wie weit?
...

3. - 4. Müller schreibt eine Postkarte an Bea Braun. Weil er verliebt ist, bringt er einiges durcheinander:

Liebe Bea,

in Bremen habe ich mir einen Ford geliehen und bin nach Dangast gefahren. Die Fahrt war so lang, sicher mindestens 3 Stunden. Ich habe ein Zimmer im Hotel gefunden, es heißt „Krabbenmutter". Ich habe dann nur noch ein bisschen gegessen, ich hatte gar keinen Hunger, und hab noch ein kleines Bier getrunken. Dann bin ich ins Bett gefallen, am nächsten Morgen brannte noch Licht in meinem Zimmer.

Ich habe furchtbar schlecht geschlafen, eigentlich gar nicht. Und gefrühstückt habe ich auch kaum. Die Wirtin hat mir Ebbe und Flut erklärt, das ist so: Bei Ebbe steht das Wasser sehr hoch, und dann kommt plötzlich die Flut und man sieht gar kein Wasser mehr. Man kann dann ganz weit ins Watt hinauswandern. ...

Schreiben Sie an Bea, wie es wirklich war.

5. Müller ist Privatdetektiv - und er ist verliebt. Gibt es da vielleicht Gemeinsamkeiten? Sammeln Sie und ergänzen Sie das Raster.

Als Verliebter ...	Als Privatdetektiv ...
interessiert er sich für Maria	interessiert er sich für den Fall in der Villa
sucht er nach Beweisen für Gegenliebe (Marias Brief)	untersucht er die Villa nach Indizien

6. Müller ist im Zwiespalt: Als Detektiv (D) möchte er den Fall lösen, als Verliebter (V) möchte er Maria nicht verraten. Was gehört wozu? Kreuzen Sie an.

	D	V
Müller untersucht, woher die Schüsse kamen.		
Müller fährt nach Dangast.		
Müller verfolgt den BMW.		
Müller träumt von Maria.		
Müller fährt in den Graben.		
Müller kriecht durch ein Loch im Zaun.		
Müller schläft schlecht.		
Müller beobachtet Tom.		
Müller verschüttet Tee.		

7. Sie haben am Anfang des Krimis ein Raster zu Maria angelegt. Können Sie mit Hilfe Ihrer Notizen rekonstruieren, was Maria in welcher Reihenfolge gemacht hat?

Maria ist nach Dangast gefahren. Dort hat sie an Helmut Müller geschrieben. Sie ...

1. - 7. Was passt zu *Krimi*, was zu *Liebe*, und was haben beide gemeinsam? Die Wortkiste gibt Anregungen aus "Ebbe und Flut" - aber Sie finden bestimmt noch viel mehr! Ergänzen Sie die Wortigel.

Krimi	Krimi und Liebe	Liebe
der Fall	suchen	träumen

jemanden/etwas verpassen Neugier der Fall

Misstrauen Fragen stellen

vorsichtig sein

schlafwandeln

sich verstecken

ratlos sein

an jemanden / etwas denken

in Deckung gehen

unkonzentriert sein

Interesse seufzen schlecht schlafen

lügen suchen spionieren

träumen Unsicherheit finden

Sämtliche bisher in dieser Reihe erschienenen Bände:

Stufe 1

Oh, Maria...	32 Seiten	Bestell-Nr.	**49681**
– mit Mini-CD	32 Seiten	Bestell-Nr.	**49714**
Ein Mann zu viel	32 Seiten	Bestell-Nr.	**49682**
– mit Mini-CD	32 Seiten	Bestell-Nr.	**49716**
Adel und edle Steine	32 Seiten	Bestell-Nr.	**49685**
Oktoberfest	32 Seiten	Bestell-Nr.	**49691**
– mit Mini-CD	32 Seiten	Bestell-Nr.	**49713**
Hamburg – hin und zurück	40 Seiten	Bestell-Nr.	**49693**
Elvis in Köln	40 Seiten	Bestell-Nr.	**49699**
– mit Mini-CD	40 Seiten	Bestell-Nr.	**49717**
Donauwalzer	48 Seiten	Bestell-Nr.	**49700**
Berliner Pokalfieber	40 Seiten	Bestell-Nr.	**49705**
– mit Mini-CD	40 Seiten	Bestell-Nr.	**49715**
Der Märchenkönig	40 Seiten	Bestell-Nr.	**49706**
– mit Mini-CD	40 Seiten	Bestell-Nr.	**49710**

Stufe 2

Tödlicher Schnee	48 Seiten	Bestell-Nr.	**49680**
Das Gold der alten Dame	40 Seiten	Bestell-Nr.	**49683**
– mit Mini-CD	40 Seiten	Bestell-Nr.	**49718**
Ferien bei Freunden	48 Seiten	Bestell-Nr.	**49686**
Einer singt falsch	48 Seiten	Bestell-Nr.	**49687**
Bild ohne Rahmen	40 Seiten	Bestell-Nr.	**49688**
Mord auf dem Golfplatz	40 Seiten	Bestell-Nr.	**49690**
Barbara	40 Seiten	Bestell-Nr.	**49694**
Ebbe und Flut	40 Seiten	Bestell-Nr.	**49702**
– mit Mini-CD	40 Seiten	Bestell-Nr.	**49719**
Grenzverkehr am Bodensee	56 Seiten	Bestell-Nr.	**49703**
Tatort Frankfurt	48 Seiten	Bestell-Nr.	**49707**
Heidelberger Herbst	48 Seiten	Bestell-Nr.	**49708**
– mit Mini-CD	48 Seiten	Bestell-Nr.	**49712**

Stufe 3

Der Fall Schlachter	56 Seiten	Bestell-Nr.	**49684**
Haus ohne Hoffnung	40 Seiten	Bestell-Nr.	**49689**
Müller in New York	48 Seiten	Bestell-Nr.	**49692**
Leipziger Allerlei	48 Seiten	Bestell-Nr.	**49704**
Ein Fall auf Rügen	48 Seiten	Bestell-Nr.	**49709**
– mit Mini-CD	48 Seiten	Bestell-Nr.	**49726**